# 어머니의 화원

한국시학 시인선 040

## 어머니의 화원
한국시학 시인선 040

---

초판 발행 | 2024년 11월 10일

지 은 이  장영주
펴 낸 이  김광기
편집주간  박현솔
제작실장  김병훈
펴 낸 곳  문학과사람
출판등록  2016. 7. 22. 제2016-9호
주    소  경기도 시흥시 하상로 36 금호타운 301-203
          서울시 마포구 성미산로 1길 30, 2층
대표전화  031) 253-2575
homepage  http://cafe.daum.net/yadan21
E_mail    keeps@naver.com

ISBN 979-11-93841-23-5  03810

값 12,000원

* 이 책은 한국예술인복지재단의 창작지원금을 받아 발간되었습니다.
* 이 책의 저작권과 전송권은 저자와 출판사에 있습니다.
* 이 도서의 국립중앙도서관 출판도서목록(CIP)은 서지정보유통지원시스템 홈페이지(http://seoji.nl.go.kr)와 국가자료종합목록 구축시스템(http://kolis-net.nl.go.kr)에서 이용하실 수 있습니다.
* 이 시집은 교보문고와 연계하여 전자책으로도 출간됩니다.

# 어머니의 화원

장영주 시집

* 본문에서 페이지가 바뀌며 연 구분이 있을 때에는 〈 표기를 합니다.

■ 시인의 말


오래도록 묵혀 두었던 시간들을 꺼내 보며
기억들을 소환하는 시간
하나하나가 의미 있게 다가왔다.

오래된 것들은 정이 더 가고 마음에 고인다.
어머니가 그렇고 서정시, 생각하는 글, 여행,
시대의 글들도 상재하며 의미를 둔다.

계절의 순환을 보며
하루하루가 소중함을 느끼는 요즘

누군가에게 위로가 되고
희망이 되기를 바라며
삶을 진솔하게 읽는 글을
쓰고 싶다는 생각을 한다.

2024년 11월,  장 영 주

■ 차례

## 1부 _ 자작나무 숲

안개 걷히면 − 19

가을 − 20

우화 − 21

비꽃 − 22

가을 소리 − 23

가을 달밤 − 24

봄 − 25

재활용품 − 26

낮달 − 27

자작나무 숲 − 28

살구 − 30

보름달 − 31

비밀의 바람길 − 32

비행운 − 33

선을 넘다 − 34

## 2부 _ 어머니의 화원

억새의 노래 - 37

키즈카페 - 38

기다려 주지 않는 자리 - 39

섬 - 40

어머니의 화원 - 41

여름 1 - 42

여름 2 - 43

분꽃 - 44

어미 - 45

구절초 - 46

민들레 홀씨 - 47

어머니 - 48

가족 1 - 49

가족 2 - 50

## 3부 _ 걷는 그 길

슈룹 - 53

걷는 그 길 - 54

산모롱이 - 55

브레이크 - 56

소낙비 - 57

J를 생각하며 - 58

애착 - 59

두근거리고 싶어 한다 - 60

봄 - 61

핸드폰 - 62

생각할 사(思) - 63

안테나 - 64

착각 - 65

## 4부 _ 구월의 노래

상사화 – 69

여백 – 70

내소사 – 71

요정의 호수 – 72

무제 1 – 73

그 웅장함 – 74

봉담도서관 – 75

잠자리 떼 – 76

정동진 – 77

구월의 노래 – 78

세 자매 봉 – 79

궁평항 노을 – 80

봉담 호수 – 81

## 5부 _ 대바람 소리

그날 – 85

코로나 19 – 86

아파트 – 87

꿈을 꾸는 – 88

센스 그리고 아이러니 – 89

봄인데 – 90

DMZ를 바라보며 – 91

푸른 꿈 – 92

대바람 소리 – 93

새벽 – 94

가슴이 따뜻해지는 – 95

봄날 세월호 – 96

그곳에 서서 – 98

■ 발문 | 임병호(시인, 한국시학 발행인) – 101

# 1부

자작나무 숲

# 안개 걷히면

보이지 않고 잡아도
잡힐 듯 안 잡히는
그저 물방울인가 이슬인가
바람 따라 밀려가는 구름인가

삶의 안개 속 어딘가를 맴돌며
길을 못 찾고 방황하는
이리 뒤척 저리 뒤척
생각은 산을 몇 번씩 넘고
바다를 몇 번씩 오가고
잡히지 않는 줄기를
잡으려 애쓰는데

마음의 솔기를 잘 잡고
나란히 잘 맞추어 가볼 일이다
희뿌연 안개 속을 빠져나올 때
환한 빛이 비치리라는
긍정의 생각으로 길을 간다

## 가을

무지개 고운 빛 뿌려진 듯
산야마다 내려앉은
천상의 맑은 색깔들
단풍 깃든 가을 산들은
바라만 봐도 위로가 된다

바람과 단풍은 산 아래로
아래로 아래로 내려오는데
.
.
.
사람들은 위만 바라보고
끊임없이 위를 보며 산을 오른다

# 우화

열무 잎에서 그녀
초록의 징한 몸뗑이
초록을 먹고 초록을 꿈꾼다
꿈속
연미색 목화 꽃잎 같은 날개를 단다

여름 한낮
시원한 매미 소리
그녀의 가슴이 부풀어 오른다

기다림의 끝
나비 한 마리
우아하게 날아오른다

## 비꽃

비 내리는 날
피어나는 꽃을 보셨나요
눈 깜박할 사이에
피었다 지는 찰나의 꽃

둥글게 원으로 일어서며
무색투명한 뿌리
하늘에 두고
거꾸로 피어나는 꽃

소나기 내리는 날
물 고인 곳엔
소리와 함께 오는
베토벤의 운명처럼
열광하며 피었다 지는
순간의 꽃을

## 가을 소리

달빛 대신 가로등
휘영청 밝은 밤
풀숲에서 들려오는
애잔한 가을 소리들
다가가면 시치미를

뚝
뗀다

저마다의 화음으로
저마다의 사랑
사람들도 부르는 노래
온 힘을 다해 부르는
높고 낮은 청아한 소리

노래에 실리는 많은 이야기들
말하고 싶어 한다

## 가을 달밤

열 나름 달이 산하를
천천히 쓰다듬는 가을밤
마당에 서서
그 고요함을 보았는가
그 적막함을 보았는가
마음 문을 열고 담장을 허물고
소소한 바람 소리에
마음에 이는 그 무슨
소리 들리는가 들었는가

달무리로 울타리를 치며
마음 밭을 숨기려 하나
구름과 바람은 살며시
엿보며 지나간다

달빛이 오색 산하로
촘촘히 스미는 걸
바라보며 쌓여가는
그 무엇을 느껴보았는가
만져보았는가

# 봄

참새들이 나뭇가지에 앉아 떠들고 있다
바람이 불어 왔다
아주 살짝 따스함이 섞여 있다
참새들이 더 떠들어댄다
바람이 불어 왔다 훈풍이다

아지랑이가 참새에게 눈을 맞춘다
참새 떼가 화들짝 놀라 튀어 오른다
아!
껍질 터지는 소리 새싹이 돋는 소리
아기가 태어나는 소리
참새가 움터지는 나무를 내려다본다

봄이 태어나는 소리
경이롭다
아지랑이도 움찔한다

## 재활용품

화려한 외출이다
뭇시선들은 항상 새롭다
길 건너던 그 여자
툭 채이던 일탈
핑그르르 구르는 야심
찌그러진다

시퍼런 톱니들이
세상을 조각내고
사라지는 것들을
다시 다시
불러 모은다
칼날 끝에서 태어난다
햇볕에 반짝이는 생명력
꽃이 핀다

화려한 외출이다
뭇 시선들은 항상 새롭다

# 낮달

길을 건너려는데
신호가 바뀌며
빨간불이
동그랗게 눈을 뜬다
잠시
하늘을 본다

낮달이 반쪽 얼굴로
나를 내려다본다
미처 길을 못 건넌 나
미처 서쪽으로
넘어가지 못한 달
그래도 우리에겐
가야 할 길이 있다

힘을 내 열심히 가보자꾸나

## 자작나무 숲

눈 쌓인 숲
나무들 사이에 서면
한 그루 나무가 되고 싶어진다

무성했던 잎새
그 많은 이야기들
어디로 흘러가 머물고 있는지
보고픈 이들이 생각난다

우리네 삶에도 살아온 흔적이
옹이 되어 박혀 있듯이
자작나무에도 살아온 흔적이
기억으로 남아 저마다 다르게
옹이 되어 있다

나무에 기대어 위를 바라본다
바람이 불어오자
얽히고설킨 수많은 손들이

잘 견디어 내보자고
봄이 멀지 않았노라고
어디에서든 잘살아보자고 위로한다

# 살구

조랑조랑 하얀 꽃
집안 환하게 밝히던 봄날
푸르고 작은 열매
점점 살이 오르고
호기심에 한 입 베어 물면
아~~
눈이 감기는 시고 떫은 맛

사람도 푸르를 땐
겁 없이 떫은맛이다
비바람과 여름 볕
조금씩 조금씩
살구도 사람도
달달하게 익어가고
푸른 잎새 사이사이
하나둘 따뜻한 불을 켠다

## 보름달

달의 여신 아르테미스는
날마다 밤이면
밤하늘에 달을 그렸다

오늘은 보름 인간이
컴퍼스로 동그라미를 그리듯
부족함이 없는 달을
어두운 밤하늘에 띄웠다

모든 관계의 형성에서도
무너지지 않게 뒤틀리지 않게
서로를 팽팽하게 끌어당기는
균형의 감각이 있다


*아르테미스 : 그리스 신화에 나오는 달의 여신

## 비밀의 바람길

서걱이던 마음 바람 불어와
흔들어 놓으면 감당하지 못하고
스러지는 은빛 바다 물결
잔잔하게 잔잔하게 일렁인다

억새밭엔 우리가 모르는
비밀의 바람길이 있다

혼자서는 힘들어 서로를 껴안고
서로를 위로하고 달래며
바람에 스러졌다 일어서는
눈부시게 찬연한 춤사위

억새밭엔 바람을 안고 가는
따뜻한 부드러움이 있다

# 비행운

시월의 따뜻한 오후
구름 한 점 없는
푸른 하늘 서쪽에서
하얀 실선 한 줄 그어져 온다
햇빛에 반짝이는 그 무엇
푸른 하늘 먹고
거미줄 같이 뽑아내는 선

조~용하다 정말 조~용하다
하늘 가르며 온 직선
아주 팽~팽하다 시간을 먹으며
그 선 몸을 부풀린다
조각나는 선 부드러워진다
점점이 흩어져
구름이 되고 징검다리 되고
푸른 바다에 목화 꽃으로 핀다
부드럽게 생을 완성하는 그림이다

# 선을 넘다

노란 햇빛 속 청제비 나비
4차선 도로에 횡경막을 그으며
가벼이 선을 넘는다

다급함에 눈을 껌벅이고
숨차게 달려오던…
스키드 마크
중앙선 넘어 추락하는 횡경막
다시 한번 우아하게

접히는 꿈

삶이 죽음의 선을 넘다

# 2부

## 어머니의 화원

# 억새의 노래

가을날 산등성이
청명한 바람은
산 아래로 아래로 내려오고
사람들은 허리를 낮추고
억새밭 산을 오르고 오른다

바람결 따라 일렁이는
억새들의 이야기
서로가 서로에게 기대어
사그락 사그락
눈부신 은빛 물결

백발 어머니의 머릿결처럼
세월의 바람을 탄다

## 키즈카페

키즈카페에 들어서면
통통통 귀여운 발소리
해맑고 싱그런 웃음이
노오란 나비 되어
훨훨 날아다닌다
아이들의 소리가
푸르른 숲처럼 촘촘하다

연두의 꿈나무들이
더운 땀을 흘리며
신나서 뛰어논다
미래의 희망인
손자 손녀들의 웃음소리가
할배 할매의 만병통치약

노는 모습 바라보며
꿀이 뚝뚝 떨어진다

# 기다려 주지 않는 자리

뒤돌아보니
후회와 아쉬움뿐
기다려 주지 않는 세월

좋아하시던 홍시
지금은
맘껏 사 드릴 수 있는데
좋아하시던 음식도
맘껏 사 드릴 수 있는데

뒤돌아보니
허전한 그 자리
마음 아픈 그 자리

# 섬

봄을 타는 복사꽃
유채꽃 분분한
오월
청보리밭 이랑에서
김매는 어머니

푸르름 짙어가고
앵두가 붉어가는
유월

금빛 물결 이는
보리밭에서
깜부기 뽑으시는
어머니
어머니

# 어머니의 화원

항상 보기 좋았습니다
노랗고 하얀 나비들이 날고
향기로운 향기가
항상 집 주위에 있었습니다

봄이면 뒤뜰 홍매화 시작으로
작약 백합 홍초 난초 다알리아 국화
봉선화 족두리꽃 과꽃 장미 등등
장독대에도 채송화며 도라지꽃 분꽃이
대문 옆엔 노오란 키다리꽃까지
봄부터 늦가을까지 동네에선
꽃집으로 불렸습니다

눈 감으면 가난했지만
고향 집 생각에
즐거운 미소가 번집니다
고향 집에는 꽃만 아니라
어머니가 귀하게 위하던
예쁜 人꽃들도 보입니다

# 여름 1

한낮의 열기에 바람도 후줄근하다
북향 대청마루에 누워 듣는 매미 소리
혼신의 힘으로 부르는 노래가
자장가 되어 아득히 들려온다

머리 위에서 이글거리는 태양
밭에서 따온 수박을
우물에 넣었다가 꺼내 자르시는
어머니의 손길이 무척이나 가볍다

온 가족이 둘러앉아 여름을 먹는다
입안 가득 시원한 바람이 분다

# 여름 2

땅거미가 질 무렵
모깃불을 피워놓고
마당에서 저녁을 먹는다
생 쑥에서 나는 연기가
향긋하면서도 알싸하게 맵다
멍석에 누워서 바라보는 별들은
금방이라도 쏟아질 듯
더 크게 빛난다

어머니의 부채 바람을 느끼며
스르르 잠드는 밤 한여름의 열기도
어둠 속으로 사그라든다

이제 흘러간 시간 속에서
아련하고 그리운 것들은
차곡히 쌓여 내 가슴속을
물처럼 흘러 다닌다

## 분꽃

고향 집 뒤란 장독대 학독 옆에
어머니가 살펴보며 미소 짓던
저녁 지을 시간 알리며
고운 노을과 함께 오던 그 꽃

갖가지 고운 색 작은 나팔 모양
사는 것도 여러 고비 각양각색
어머니의 고단한 삶
위로하며 눈 맞추던 그 꽃

뜨거운 여름
서늘한 가을에도
날마다 피고 지고

어머니의 마음
작은 나팔 힘차게 불어
보름달마냥 밝게 해 주던 그 꽃

# 어미

하지 지나 감자를 캔다
무성하던 잎들 벌레에 다 내어주고
앙상하고 말라비틀어진 줄기를 뽑는다
줄줄이 일어나는 씨알 굵고 탱탱한 햇감자들

어둠 깊은 곳 어디쯤에
속이 비어 헐거워진
가볍고 초라한 껍데기 하나
쪼그라진 씨감자 한 알

알찬 제 속 다 내어주면서도 행복했을
어둠 속에서 홀로 늙어간 씨감자 한 알

울컥해지는 명치끝
불현듯 그리워지는 얼굴
먼 하늘에 얼비친다

# 구절초

노을이 서쪽 하늘 물들이고
어둠이 소리 없이 다가오면
엄마가 가을걷이로 바쁘신
재 넘어 밭에서 허리 펴시고
굽은 길 돌아
집으로 돌아오실 무렵

바람 가르며 오빠와
엄마 마중 나간다
팔 벌려 윙윙 비행기도 되고
부릉부릉 자동차도 되면서
엄마를 만나는 그 길

길섶에 무더기 무더기
눈처럼 하얗게 피어
아, 환하게 빛나던 향기가
엄마와 함께 오던 꽃

# 민들레 홀씨

맑고 여린 민들레 한 송이
가로등 아래 터 잡고
단단한 시멘트 거친 틈새
감싸 안고 견디는 삶
어머니의 삶이다

낮게 숨죽이며
비바람 이겨내고
온갖 시련 참아내고
눈 몇 번 감았다 떴을까

어머니의 바람도 보송송 커진다
눈부신 홀씨 바람(風)을 탄다
떠나보내는 어머니의 마음
좋은 곳에 터 잡고 잘 살기를
빈 마음 추스르며 기도한다

# 어머니

꽃눈이 하염없이
바람에 날리우던 날
꿈길을 가듯
꽃눈 내리는 길을 간다

아스라한 옛 추억들이
아지랑이 되어
아름아름 피어나고
기억의 저편에서
보고픈 얼굴
어머니

어머니는 무지갯빛
기억들을 한 아름 안으시고
꽃눈 되어 환하게 웃으신다

# 가족 1

모두들 집으로
찾아드는 저녁 시간
남편이 들어온다
"밥상 차릴까요"
"애들 오면"

작은아들이 왔다
"배고프지 밥 먹을까"
"형이 오면 같이 해요"

아들이 들어온다
"퇴근했습니다"
"밥 먹자"
"아직 안 드셨어요?
먼저들 드시지요"

온 가족이 함께
둘러앉은 두레 밥상
행복이도 함께 와 앉는다

# 가족 2

창밖이 시끄럽다
문을 여니 참새 떼들
예닐곱 마리 떠들어 댄다
자세히 보니 어린 참새가 다쳤다
아마도 걱정을 하는 듯하다

날개 죽지를 다친 새끼
담장 위에 올려 줬는데
행여 어쩔까 바짝 날아와
쉴 새 없이 떠들어 댄다
날지 못하고 담장 밑으로
떨어지는 참새

빌라 옆 잡동사니 속으로
기어들어 간 새끼
먹이를 물고 온 어미가
따라 들어간다
나머지도 주위를 떠나지 않고
정신없이 떠들어 댄다

걱정이 한가득이다

# 3부

## 걷는 그 길

# 슈룹

톡톡 튕기는 빗소리
머리 위에서 들려온다
아늑하고 안심이 되는
믿을만한 너를 들고
앞만 보고 걷는다
내가 웃는다 누군가도 웃는다

위험으로부터
안 좋은 것으로부터
보호받고 해방 되어지는 기분
바람이 분다 걱정할 게 없다
불어오는 쪽을 가리면 된다
기대되는 든든함이다

살아가면서 어머니 같은
삶의 안전망이 곳곳에 있어
살만한 세상이다

*슈룹 : 우산의 옛말. 조선 시대까지 우산을 슈룹이라 불렀다 한다.

## 걷는 그 길

뚜벅뚜벅 걷는다
열심히 걷는다
때론 막히기도 하고
웅덩이에 빠지기도 한다
쉼 없이 이어지는 길
끝없는 그 길
연습은 없다
되돌아갈 수도 없다

풀섶 달팽이가 짐을 지고
천천히 간다
숨 한 번 크게 쉬고
하늘도 보고 달도 보면서
마음에 여유를 가지라 한다
생의 길은 길다고

그렇지 그게 생의 길이지
뒤돌아보며 즐거웠다고
말할 수 있는 길을 가자

# 산모롱이

굽어져 휘돌아 가는 길
보이지 않는 그 길을
굽어 돌 때는 서두르지 말 일이다

탄탄대로 쭉 뻗은 길보다
구부러진 길에 꽃들이 풍경이
아름다운 건 우리네 삶
또한 그러하니
서둘러 달리는 것보다
괴로움도 외로움도 맛보며
참아낼 일이다

숨 한 번 크게 내쉬고
마음에서 조금 더 많이 덜어내고
쉬엄쉬엄 해찰도 하며 가는 길이
가볍고 힘이 덜 들어 좋은 길이다

# 브레이크

살면서 가끔은 브레이크를 밟자
내가 오만해질 때
내가 잘 나간다고 생각될 때
가슴에 여백을 챙기며

꾹

밟아야 될 브레이크

# 소낙비

소나기 내리는 날
양철지붕 아래 서 있으면
자연의 음악을 듣는다
베토벤의 운명 교향곡보다
더 웅장한 비의 울림을

하늘에서 내려오는
하늘 구름의 소리
높은 데서 낮은 데로 내려오며
사이사이 요란한 효과음
빛의 조명도 현란한 무대다

쏴아 타다다닥
쏴아 타다다닥
복잡한 머릿속을
시원하게 정리해 주는
멍때리며 생각 없이 듣는
한여름의 소나타다

## J를 생각하며

눈물일까 빗물일까
여름 가랑비
살몃살몃 내리는 날
추모공원에 사진들

해맑게 웃고 있다
나도 따라 웃는다
저마다 사연을 안고
그렁그렁 눈물 밭
밟으며 왔을 그대들
꽃 속에 묻혔구나

힘든 삶 놓아버린 J야
밤하늘 별 되어
행복하게 빛나거라

2014년 7월 31일 목요일에

# 애착

들풀들은 밟혀도 다시 일어선다
꺾여도 그 생채기 그대로
껴안고 함께 살아간다

선물 받은 꽃다발
거꾸로 걸었는데
꽃봉오리로 온 백합
이삼일 지나 활짝 피었다

향기로 보내오는 진실
살고 싶어
그래
삶의 애착
놓아버리기 쉽지 않지

사람들은 더구나
더 놓기 싫어하는 삶

## 두근거리고 싶어 한다


알 수 없는 세상을 보고 싶어
밤하늘에 별들은 속내를 감추는
바다로 뛰어들고
물고기들은
바깥세상이 궁금해
물을 박차고 튀어 오른다

바다도 일탈을 꿈꾸며
생명들을 끌어안고
하루에 두 번 지구를 휘돌아온다
사람들도 가슴 뛰고 싶어서
세상 속으로 자꾸만
길을 떠나고 싶어 한다

별들도 물고기도 바다도 사람들도
일탈하고 싶고
모두들 두근거리고 싶어 한다

# 봄

언 땅이 사르르 말랑해지고
나무들 언 몸이 따스하게 풀려
독해진 마음도 느슨해져
강물처럼 유유히 흐르는 계절

# 핸드폰

사람과 사람 사이
서로가 서로에게로 향하는
거미줄보다 촘촘한 길
물처럼 흐른다
느리게 혹은 빠르게
정보의 바다
손에서 놓지 못하고
들고 있지 않으면 허전한

어쩌다 그 길
몽롱하거나 끊기기도 한다
잊지 않기 위해
잊히기 싫어
사람들은 날마다
맑고 투명한 그 길
오늘도 열심히 눌러댄다

# 생각할 사(思)

마냥 해바라기 하다
창가에 꽃나무들 허리가 휜다
제 몸 굽어지는 줄 모르고
뜨거워지는 마음 편협한 생각들

한쪽으로만 몰려간다
허리가 심하게 굽어
화분을 돌려 보는데
우지직 뼈 돌아가는 소리
고통이다

굳어버린 생각은
옳고 그름의 잣대가 된다
서로 다름을 인정하는 것이
필요한 지금이다

# 안테나

도로 건너편 올려다보이는 건물 옥상에
날개 두어 개는 바람에 내어주고
색 바래 낡고 헐한 모습

젊은 모습은 어디 가고
아들 멀리 보내고
양어깨 힘 빠진 석이 아빠 닮았다
옛것이 돼버린 칼칼하던 젊음

빛나던 순간들도 다 세월 속에 녹이고
지나간 흔적 검버섯 두서너 개
수채화로 남았다
따뜻한 햇살 아래 흐려지는 눈앞
보이지 않는 원들의 전파
끊임없이 수신되는데 양어깨의 균형을
잃지 않으려 안간힘 쓰고 있다

# 착각

옥상 바닥에 빗물이 스미지 말라고
푸른 페인트를 칠했다

어느 햇볕 따가운 날
잠자리 한 쌍이 사랑에 빠졌다
열기 나는 바닥을
시원한 물로 알고 꼬리를 담그려다
놀라 하늘로 날아오른다
미련이 남음인지 자꾸만 반복한다

잠자리 한 쌍
고개를 갸우뚱하면서도
옥상 바닥에서 고향의
맑은 호수를 꿈꾸었나 보다

우리네도 얼마나 많은
착각을 하며 사는가

# 4부

구월의 노래

## 상사화

행여 바람에게 들킬세라
보고픈 마음 승복 안으로
짝사랑의 열병
삭이고 삭이다
스러져 흙으로 돌아간 그대

못 만나고 못 이루고
애절한 불갑사 상사화

오늘도 생각의 끈은 깊어
바람 따라 구름 따라
님 소식 올까 기다리는 마음

붉게 붉게 피어
지금도
귀 기울이고 있는 그대

# 여백

일상에서의 해방이다
같지만 다른 공기
본 듯하지만 다른 풍경들
모든 걸 긍정의 눈으로 본다

실타래 같이 엉킨
빡빡한 생각들이
여백의 공간을 만나
여유로운 숨을 쉰다

복잡한 머릿속이
맑은 공기와 햇빛
푸르름으로 채워진다

눈을 감아본다

# 내소사

대웅전 뜨락에 서면
아름다운 향기
이승인가 극락인가
한 발 두 발 따라가 본다

요사채 문 앞 향나무
삐죽삐죽 웃자란 생각들
동자 머리 다듬어주듯
정성을 들이시는 노스님
스님 향이 좋으네요 그렇지요
해맑게 웃으시는 모습 향내가 난다

내려오다 뒤돌아보니
노스님도 둥글고
향나무도 둥글다
나무 향도 둥글고
내소사도 둥글다
고즈넉하고 단아한 내소사

# 요정의 호수

먼 하늘길 날아가
플리트비체의 호수에 서니
정말 그림 같은 풍경
얼음물에 노니는 송어

물 사이에 난간도 없이
낮게 놓인 길
아슬아슬 물 사이 오솔길이다

비슷비슷 작은 폭포들
물의 요정이 나올 듯
신비스러운 코발트 물빛
사람들의 감탄 소리
아름다운 지구의 한 폭 수채화

가슴이 설렌다

# 무제 1

용문사 천년 은행나무
노랗게 물들고 있다

대웅전으로 오르는 돌계단 옆 화단
은행나무 마주 보며
꽃 피울 엄두도 못 내는 아기 분꽃
너무 늦게 아니, 너무 빨리 나왔구나
쓰다듬어 보는 손끝에 전해오는

괜찮아
내 이름은 그래도 분꽃 꽃이야
당당한 그 푸르름 옆으로
천년 은행나무 샛노란 잎새 하나
·
툭
·
내려앉는다

# 그 웅장함

쉬지 않고 쏟아져 내리는 물줄기
사시사철 언제나 그 모습 그대로
무지개가 환영해 준다는
웅장한 폭포의 물소리

엄청난 물안개가 피어나고
물방울을 선사하며
가까이 갈 수 없게
하늘도 놀라게 포효하는

신이 빚어 놓은 자연의 선물
캐나다에서 마주한 나이아가라폭포

겁나는 게 없어 보였다

## 봉담도서관

그곳 벽은
책들의 숲이다
참 향기롭다
내 유년의 친구들도 있다
고추잠자리 딱정벌레
개미 사슴벌레 추억이 움직인다

사람들은
꿈으로 소망으로
매일 푸른 잎 만들어 간다
넓게 깊게 아름 나무 되어간다
길을 찾아가는 소리
숨소리조차 잡음이 된다

쉿
조용

## 잠자리 떼

곤돌라를 타고
덕유산 중턱 정자에 도착했다
굽어 보이는 산들이 옹기종기 정겹고
산 아래 흘러가는 구름이 여유롭다
등산객보다 더 많은
잠자리 떼 우리를 반긴다
손에 가방에 모자에
잠시 숨을 고르며 날개를 쉰다

고개를 갸우뚱갸우뚱
아래 세상이 어떠냐고 안부를 묻기에
그냥저냥 다들 삶이 팍팍하다 하니
좋은 날 올 거라고 참아보라 전하란다

기분 좋은 덕유산이 잠자리의 말에
귀 기울이며 빙그레 웃고 있다

# 정동진

소망의 색깔은
온도는 달라도
사람들 모두
한 곳만 바라본다

절실함에 간절함에
뚫어져라 바라보는 곳

수평선에 얼굴 내미는
새해 첫날
뜨거운 바램
가슴을 붉게 붉게 물들인다

## 구월의 노래

하늘이 깊어지고
소슬바람 불어오면
일상을 잠시 밀쳐두고
가을 향기 진한
산사에 들려
따뜻한 차 한 잔
마시고 싶다

산사의 바람 소리
마음을 두드리는
은은한 풍경소리
자연의 소리 들으며
자연 속으로 자연 속으로
　　·
　　·
　　·
나를 비우고 싶다

# 세 자매 봉

부탁을 들어준 주술사는
죽임을 당하고 마왕은 나빴다
아름다운 세 자매가
인간으로 못 돌아오고
돌이 된 그대로
세상을 바라보고 있는
블루마운틴 세 자매 봉 전설
안타까운 마음으로 바라보는 풍경
그래도 세 자매가 함께라서 괜찮다

코알라의 먹이 유칼립투스로
숲과 바위가 신비의 푸른빛이 돌고
고사리 나무라니 참 참
에코 포인트에서 바라보는
신비롭고 신기한 숲
블루마운틴은 오래된 원시의 숲
스카이웨이를 타는 원시인이 되어본다

## 궁평항 노을


바쁘고 길었던 하루
마무리할 시간
모든 일은 서툴게
혹은 질서 있게
차근차근 진행된다
어쨌든 시간은 흐르고
모든 새들도 날개를 접을 시간

태양의 열정이 순한 갈무리를 한다
바다로 뛰어드는 붉은 노을
바다도 두근두근
사람들도 두근두근

# 봉담 호수

아늑히 자리 잡은
봉담 호수
사람들의 숨구멍이다
호숫길 걷다 보면
만나는 정겨운 이웃들
이승에서 피어나는 인연들
마음 마음이 저리도 고울까

여름날 피어나는 연꽃들의 향연
넓은 연잎에 구르는 빗방울
어디에도 연연하지 않고
여름날 호수가
연꽃 향을 가득 품어 안고 있다

# 5부

대바람 소리

# 그날

깜짝 놀라 채널을 고정했다
숭례문이 불타고 있다는 뉴스
육백 년 넘은 역사가
아름다운 국보 1호가
불 속에서 몸부림치고 있다

국민의 자랑 국민의 자존심
국민들 모두 애가 탄다
안타까운 마음으로 달려간다
자꾸만 눈물이 난다
한 개인의 오류가 역사에
얼마나 큰 대가를 치르게 하는가

기억하고 경계해야 할
이천 팔년 이월 십일 밤 열시 오십분
그리고 복구로 새 단장한
이천 십 삼 년 숭례문
그러나 무언가 허전하기만 하다

# 코로나 19

황사로 마스크가 우리 곁에 오더니
지금은
바이러스가 절대 못 벗게 한다
눈에 보이지도 잡히지도 않는
바이러스에 만물에 영장이라는
지구촌 인간들은 힘을 못 쓰고
무섭게 쓰러져간다

언제쯤 이 마스크가 사라질까
언제쯤 이 고통에서 벗어날까
언제쯤 활짝 웃는 민얼굴을 마주 볼까

호젓한 골목길에서 젊은이들이
절규하듯 외치는 소리 들린다
마스크를 벗으니 이렇게 좋은데 말이야
달력을 보니
2020년 4월 10일이다

# 아파트

하늘엔 둥근 달이 떠 있다
사람들은 오늘도 용감하게 살아내고
지친 마음을 끌고 긴 직사각형
유리창이 달린 거대한 벽 속으로 스며든다
잠시 후 하나둘 따스한 불빛이 밝혀진다

고개를 젖혀 층수를 헤아려 본다
너무 높아 세다가 헷갈리고 또 세다가 잊어버린다
창마다 밝혀지는 불빛들의 향연
저마다의 삶이 있는 불빛들은 깜박이지 않는다

이웃 간의 정과 웃음을 잃은 단절의 벽
저 벽을 넘어 보고 싶다
훌쩍 날아가고도 싶다
단단하고 거대한 벽들이 지치지 않고
쉼 없이 들어서고 있는 이 땅
바라보고 있으면 숨이 막힌다

## 꿈을 꾸는

껌벅이는 동그란 눈은 대양을 꿈꾼다
따뜻한 물속을 헤엄쳐 다녔을
열대어의 족보 화려한 외모

새로운 시작을 꿈꾸지만 탈출구가 없다
만족도 없다 그냥 유전자가 시키는 대로
눈을 껌벅이고 숨을 쉬며 천천히 움직인다

갈 수 없는 단단한 세상
그래도 헤엄쳐 가보자 꿈을 꾸며
유리 벽에 자꾸 입을 부딪는 열대어
날마다 지치고 갈증 나는 향수(鄕愁)로
귀향(歸鄕)을 꿈꾸는 사람들

오늘도 푸른 바다는
열대어의 동그란 눈 속에서
오아시스 되어 출렁이고 있다

# 센스 그리고 아이러니

수원 검찰청 본관 앞
계단 계단마다
화분에 피어 있는
노랗고 하얗고 보라색
나비같이 작은 꽃
분명 팬지꽃인데
나는 보았네
팻말에 붙은 이름
동주 꽃
그 아래 작은 글씨로
쓰여 있는 시 구절
'하늘을 우러러
한 점 부끄럼이 없기를'

# 봄인데

수원 전철역 발안 봉담 방향으로
긴 계단을 오르면 우측으로 할머니 한 분
머리에 개나리 수건을 두르고 봄을 팔고 계신다
쑥 달래 냉이 미나리 그리고 민들레 이파리들
어디선가 우는 소리
칼끝에 도려진 민들레 꽃봉오리들

어디 민들레뿐인가 이 세상 어딘가에서
지금 이 시간에도 활짝 피지 못하고
기아 병마 환경에 스러져가는 존귀한 것들
민들레 작은 꽃봉오리 쳐다보며

봄인데…

# DMZ를 바라보며

코스모스 하늘거리는
길을 달려 임진각에 도착했다
평화의 종소리가 굳은 마음을
은은하게 울려준다
제3 땅굴 안에선
눈물인지 핏물인지
수정처럼 샘물 솟는다
전망대에서 태극기 펄럭이는
DMZ를 바라본다

구멍 나고 녹슨 철모들의 사연들
그렁그렁 눈물로 고인다
아~~
가슴 여미는 실타래 같은 이야기
우리에게 묻는다 통일은 평화는
바라본다
북녘의 우리 민족 우리 겨레의 땅

# 푸른 꿈

삶을 꽃피움 자리
두리번거리는
민들레 홀씨 하나

바람이 분다
힘없이 떠도는
젊은 꿈들
멎어라 메마른 비바람
실컷 들이키고픈
아주 환한 햇살 한 줌

비가 내린다
눈동자에 가득 차오르는
봄날 푸른 꿈들

# 대바람 소리
– 세월호 그리고 희망

눈 감고 귀 막고 살고픈
답답한 세상
탈출구가 보이지 않는다
눈 감아도
옷장 안에 얌전한 모습
귀 막아도
숨 막히는 애절한 절규

모든 것
넘쳐나는 세상에
정녕 청아한 가슴들은
어디로 사라져갔는가
되묻고 또 되묻고
오늘 석정의 청구원 마루에 앉아
눈 뜨고 귀 세워
에돌아 굽이굽이 불어올
해맑은 대바람 소리
넘쳐나게 듣고프다

*청구원 : 시인 신석정의 집 이름, 부안 신석정 문학관

# 새벽

어둠이 슬멋슬멋
사라지는 시간, 시간들
부끄러운 지난날들이
관행이라는 허울 아래
힘없어 저항 못 하고
무소불위의 힘으로
짓눌린 이들

앞으로 나아가기 위해
다가올 밝은 세상을 위해
용기를 낸 사람들
한 발 두 발
어둠을 걷어내기 위해
지금 진통을 겪고 있다
소리치고 있다
me too!
me too!

## 가슴이 따뜻해지는

보이지도 않으면서
손에 잡히지도 않으면서
겁나는 겁을 주는 작은 바이러스
만물의 영장이라는
무소불위의 인간들 떨고 있다

후베이성 우한 폐렴
걷잡을 수 없이 퍼져 나가고
신종 바이러스 잡아보려
안간힘을 쓰는 지구촌 사람, 사람들

중국 우한으로 우리 국민 데리러 가는
하늘길 비행기에
유능한 승무원들이 유능한 의료진들이
자진해서 지원했다는 뉴스에
코끝이 찡해진다 가슴이 뜨거워진다
이게 사람 사는 세상이지

## 봄날 세월호

죽은 것처럼 보이는 나무들
낮게 엎드려 있는 민들레
제 몸에 제 뿌리에 툭툭 상처를 내며
여린 이파리 새싹을 피워내고
햇살 닮은 꽃으로 피어난다

사람들도 꽁꽁 언 마음
강물처럼 풀어내고 풀어내
이웃을 다독이며
서로를 생각할 시간

삼 년 만에 바다
밖으로 나온 세월호
반가워서 서글퍼서 눈물이 난다
아홉 명의 온기 없는 차가운 손
부모형제 따스한 손 잡고
가슴에 눈물도
서로서로 닦아주며

이 봄날 노란 나비 되어
하늘로 날아 오르기를…

벚꽃들 흐드러지고
민들레 무더기로
무더기로 피어나는 봄
사람들도
꽃들처럼 웃고 싶어 한다

## 그곳에 서서

세월 저 켠
반세기를 훌쩍 넘어선
포로수용소 그곳에 서다
아픔과 고통이
밀랍인형을 통해 전해져온다

고통은 그대들의
몫으로 남아 있고
세월 지나 바라보는
우리는 그 신음소리 듣는다

다시 있어서는 안 될 비극
시대를 잘못 만난 사람들
억울한 죽음의 좌우(左右)
안타깝고 고귀한 생명들

지금 우리는 평온한가

■ 발문

## 가슴 따듯한 향기로운 노래

■□ 발문(跋文)

# 가슴 따듯한 향기로운 노래

임 병 호
(시인, 한국시학 발행인)

## 1. 언제나 그리운 사모곡

하지 지나 감자를 캤다
무성하던 잎들 벌레들에게 내어주고
앙상하게 말라비틀어진 줄기를 뽑는다
줄줄이 일어나는 씨알 굵고 탱탱한 햇감자들

어둠 깊은 곳 어디쯤에
속이 비어 헐거워진
가볍고 초라한 껍데기 하나
쪼그라진 씨감자 한 알

알찬 제 속
다 내어주면서도 행복했을
어둠 속에서
홀로 늙어간 씨감자 한 알

울컥해지는 명치 끝
불현듯 그리워지는 얼굴
먼 하늘에 얼비친다

    2014년 《한국시학》 봄호(29호) 신인상에 당선한 작품 「어미」의 전문이다. 장영주 시인이 문단에 소개된 데뷔 작품이다. 10년 전 그때 장영주 시인은 「어미」 「마름질 당하다」 「비꽃」 등 뛰어난 詩 3편으로 주목을 받았다.
    초여름 어느 날, 시인은 토실한 햇감자를 캐다가 어두운 곳에 홀로 찌그러진 씨감자 한 알을 문득 발견한다. 자식들을 위해 희생만 하다가 이제는 속절없이 늙은 어머니를 어둠 속에서 저 홀로 썩어 문드러진 씨감자 한 알에 비유하여 균형감 있는 이미지를 구현했다. 이 세상에 안 계신 어머니를 그리워하는 눈물겨운 詩다.

'어머니'는 모든 사람을 숙연하게 하는 '성스러운 분'이다. 장영주 시인의 詩에는 어머니가 일상 시야에, 심상에 나타난다, 그리고 자식에게 그리움을 심어 주신다.

봄을 타는 복사꽃
유채꽃 분분한
오월
청보리밭 이랑에서
김매는 어머니

푸르름 짙어가고
앵두가 붉어가는
유월

금빛 물결 이는
보리밭에서
깜부기 뽑으시는
어머니
어머니

- 「섬」 전문

항상 보기 좋았습니다
노랗고 하얀 나비들이 날고
향기로운 향기가
항상 집 주위에 있었습니다

봄이면 뒤뜰 홍매화를 시작으로
작약 백합 홍초 난초 다알리아 국화
봉선화 족두리 꽃 과꽃 장미 등등
장독대에도 채송화며 도라지꽃 분꽃이
대문 옆엔 노오란 키다리 꽃
봄부터 늦가을까지 동네에선
꽃집으로 불렸습니다

눈 감으면 가난했지만
고향 집 생각에
즐거운 미소가 번집니다

고향 집에는 꽃만 아니라
어머니가 귀하게 위하던

예쁜 人꽃들도 보입니다

- 「어머니의 화원」 전문

꽃눈이 하염없이
바람에 날리는 날
꿈길을 가듯
꽃눈 내리는 길을 간다

아스라한 옛 추억들이
아지랑이 되어
아름아름 피어나고

기억의 저편에서
보고픈 얼굴
어머니

어머니는 무지갯빛
기억들을 한 아름 안고
꽃눈처럼 환하게 웃으신다

-「어머니」전문

맑고 여린 민들레 한 송이 / 가로등 아래 터 잡고 있다 / 단단한 시멘트 거친 틈새는 / 어머니의 삶이다 // 낮게 숨죽이며 / 비바람 이겨내고 / 온갖 시련 참아내고 / 눈 몇 번 감았다 떴을까 // 어머니의 바람도 보송송 커진다 / 눈부신 홀씨 바람(風)을 탄다 / 떠나보내는 어머니의 마음 / 좋은 곳에 터 잡고 살기를 / 빈 마음 추스르며 기도한다 -「민들레 홀씨」전문

머리 위에서 이글거리는 태양 / 밭에서 따온 수박을 / 우물에 넣었다가 꺼내 자르시는 / 어머니의 손길이 무척이나 가볍다 -「여름 1」부문

어머니의 부채 바람을 느끼며 / 스르르 잠드는 밤 / 한여름의 열기도 / 어둠 속으로 사그라진다 -「여름 2」부문

살아가면서 어머니 같은 / 삶의 안전망이 곳곳에 있어 -「슈룹」부문

노을이 서쪽 하늘 물들이고
어둠이 소리 없이 다가오면
엄마가 가을걷이로 바쁘신
재 너머 밭에서 허리 펴시고
굽은 길 돌아
집으로 돌아오실 무렵

바람 가르며 오빠와
엄마 마중 나간다
팔 벌려 윙윙 비행기도 되고
부릉부릉 자동차도 되면서
엄마를 만나는 그 길

길섶에 무더기 무더기
눈처럼 하얗게 피어
아, 환하게 빛나던 향기가
엄마와 함께 오던 꽃

-「구절초」전문

뜨거운 여름 / 서늘한 가을에도 / 날마다 피고 지고 // 어머니의 마음 / 작은 나팔 힘차게 불어 / 보름달마냥 밝게 해 주던 그 꽃 -「분꽃」부문

뒤돌아보니
후회와 아쉬움뿐
기다려 주지 않는 세월

좋아하시던 홍시
지금은
맘껏 사드릴 수 있는데
좋아하시던 음식도
맘껏 사 드릴 수 있는데

뒤돌아보니
허전한 그 자리
마음 아픈 그 자리

-「기다려 주지 않는 자리」전문

어머니는 타계하셨지만 그러나 어머니의 자애로운

얼굴, 부드러운 목소리는 시인의 가슴속에 여전히 살아 계시다. 등불처럼 시인이 가는 길을 밝혀주신다.

## 2. 아름다운 서정, 그 고운 빛

참새들이 나뭇가지에 앉아 떠들고 있다
바람이 불어왔다
아주 살짝 따스함이 섞여 있다
참새들이 더 떠들어댄다
바람이 불어 왔다 훈풍이다

아지랑이가 참새에게 눈을 맞춘다
참새 떼가 화들짝 놀라 튀어 오른다
아!
껍질 터지는 소리 새싹이 돋는 소리
아기가 태어나는 소리
참새가 움터지는 나무를 내려다본다

봄이 태어나는 소리
경이롭다
아지랑이도 움찔한다

– 「봄」 전문

눈 쌓인 숲 / 나무들 사이에 서면 / 한 그루 나무가 되고 싶어진다 // 무성했던 잎새 / 그 많은 이야기들 / 어디로 흘러가 머물고 있을까 / 보고픈 이들이 생각난다 // 우리네 삶에도 살아온 흔적이 / 옹이 되어 박혀 있듯이 / 자작나무에도 살아온 흔적이 / 기억으로 남아 저마다 다르게 / 옹이 되어 있다 // 나무에 기대어 위를 바라본다 / 바람이 불어오자 / 얽히고설킨 수많은 손들이 / 잘 견디어 내보자고 / 봄이 멀지 않았노라고 / 어디에서든 잘 잘살아보자고 위로한다 – 「자작나무 숲」 전문

가을날 산등성이 / 청명한 바람은 / 산 아래로 산 아래로 내려오고 / 사람들은 허리를 낮추고 / 억새밭 산을 오르고 오른다 // 바람결 따라 일렁이는 / 억새들의 이야기, / 서로가 서로에게 기대어 / 사그락사그락 / 눈부신 은빛 물결 / 백발 어머니의 머릿결처럼 / 세월의 바람을 탄다 – 「억새의 노래」 전문

서걱이던 마음, 바람 불어와
흔들어 놓으면 감당하지 못하고
스러지는 은빛 바다 물결
잔잔하게 잔잔하게 일렁인다

억새밭엔
우리가 모르는
비밀의 바람길이 있다

혼자서는 힘들어 서로를 껴안고
서로를 위로하고 달래며
바람에 스러졌다 일어서는
눈부시게 찬연한 춤사위

억새밭엔 바람을 안고 가는
따뜻한 부드러움이 있다

-「비밀의 바람길」전문

아늑히 자리 잡은
봉담 호수

사람들의 숨구멍이다

호숫길 걷다 보면
만나는 정겨운 이웃들
이승에서 피어나는 인연들
마음 마음이 저리 고울까

여름날 피어나는 연꽃들의 향연
넓은 연잎에 구르는 빗방울
어디에도 연연하지 않고
여름날 봉담 호수가
연꽃 향을 가득 품어 안고 있다

– 「봉담 호수」 전문

그곳 벽은
책들의 숲이다
참 향기롭다
내 유년의 친구들도 있다
고추잠자리 딱정벌레
개미 사슴벌레 추억이 움직인다

사람들은
꿈으로 소망으로
매일 푸른 잎 만들어 간다
넓게 깊게 아름 나무 되어간다
길을 찾아가는 소리
숨소리조차 잡음이 된다

쉿
조용

-「봉담도서관」 전문

바쁘고 길었던 하루
마무리할 시간
모든 일은 서툴게
혹은 질서 있게
차근차근 진행된다
어쨌든 시간은 흐르고
모든 새들도 날개를 접을 시간

태양의 열정이 순한 갈무리를 한다
바다로 뛰어드는 붉은 노을
바다도 두근두근
사람들도 두근두근

-「궁평항 노을」전문

장영주 시인은 심리상담사, 사회복지사, 장애인 돌봄이로 늘 바쁘게 활동하면서도 바다와 산과 들, 호수가 많은 고장, 화성(華城)을 수채화처럼 또는 동화처럼 그린다. 애향심이 지극하다.

행여 바람에게 들킬세라
보고픈 마음 승복 안으로
짝사랑의 열병
삭이고 삭이다
스러져 흙으로 돌아간 그대
못 만나고 못 이룬
애절한 불갑사 상사화

오늘도 생각의 끈 깊어

바람 따라 구름 따라
님 소식 올까 기다리는 마음

붉게 붉게 피어
지금도
귀 기울이고 있는 그대

-「상사화」 전문

 열 나흘 달이 산하를 / 천천히 쓰다듬는 가을밤 / 마당에 서서 / 그 고요함을 보았는가 / 그 적막함을 보았는가 // 마음 문을 열고 담장을 허물고 / 소소한 바람 소리에 / 마음에 이는 그 무슨 / 소리 들리는가 들었는가 // 달무리로 울타리를 치며 / 마음 밭을 숨기려 하나 / 구름과 바람은 살며시 / 엿보며 지나간다 // 달빛이 오색 산하로 / 촘촘히 스미는 걸 / 바라보며 쌓여가는 / 그 무엇을 느껴보았는가 / 만져보았는가 -「가을 달밤」 전문

대웅전 뜨락에 서면
아름다운 향기

이승인가 극락인가
한 발 두 발 따라가 본다

요사채 문 앞 향나무
삐죽삐죽 자란 웃자란 생각들
동자 머리 다듬어주듯
정성을 들이시는 노스님,
스님 향이 좋으네요 그렇지요
해맑게 웃으시는 모습 향내가 난다

내려오다 뒤돌아보니
노스님도 둥글고
향나무도 둥글다
나무 향도 둥글고
내소사도 둥글다
고즈넉하고 단아한 내소사

— 「내소사」 전문

'둥글다'는 평화롭다.
사람의 품성도 둥글어야 좋다.

노스님도 둥글고 / 향나무도 둥글다 / 나무 향도 둥글고 / 내소사도 둥글다는 「내소사」는 절창이다.
시인 장영주는 '둥근 사람'이다.

### 3. 가족을 위하여 사는 시인

모두들 집으로
찾아드는 저녁 시간
남편이 들어온다
"밥상 차릴까요"
"애들이 오면"

작은아들이 왔다
"배고프지, 밥 먹을까"
"형이 오면 같이 해요"

큰아들이 들어온다
"퇴근했습니다"
"밥 먹자"
"아직 안 드셨어요?
먼저들 드시지요"

온 가족이 함께
둘러앉은 두레 밥상
행복이도 함께 와 앉는다

-「가족 1」 전문

창밖이 시끄럽다
문을 여니 참새 떼들
예닐곱 마리가 떠들어 댄다
자세히 보니 어린 참새가 다쳤다
아마도 걱정을 하는 듯하다

날개 죽지를 다친 새끼
담장 위에 올려 줬는데
행여 어쩔까 바짝 날아와
쉴 새 없이 떠들어 댄다
날지 못하고 담장 밑으로
떨어지는 참새

빌라 옆 잡동사니 속으로

기어들어 간 새끼
먹이를 물고 온 어미가
따라 들어간다
나머지도 주위를 떠나지 않고
정신없이 떠들어 댄다

걱정이 한가득이다

-「가족 2」전문


뚜벅뚜벅 걷는다
열심히 걷는다
때론 막히기도 하고
웅덩이에 빠지기도 한다
쉼 없이 이어지는 길
끝없는 그 길
연습은 없다
되돌아갈 수도 없다

풀섶 달팽이가 짐을 지고 간다
천천히 간다

숨 한 번 크게 쉬고
하늘도 보고 달도 보면서
마음에 여유를 가지라고 한다
생의 길은 길다고

그렇지 그게 생의 길이지
뒤돌아보며 즐거웠다고
말할 수 있는 길을 가자

- 「걷는 그 길」 전문

「가족 1」은 저녁 무렵의 평화로운 가정이 둥글게 떠오른다. 詩를 사랑하며 가족을 위하여 살고 있는 아내, 그리고 두 아들 어머니의 행복한 모습이 보인다.

「가족 2」는 모성이 집안 밖에 사는 참새에게로 까지 사랑을 보낸다. 그래서 흐뭇하다.

빌라 옆 잡동사니 속으로 / 기어들어 간 새끼 / 먹이를 물고 온 어미가 / 따라 들어간다 / 나머지들도 주위를 떠나지 않고 / 정신없이 떠들어댄다고 걱정을 한다. 어쩌다 상처를 입은 '작은 새'의 가족에게도 눈길을 주는 시인의 마음이 따듯하다.

「걷는 그 길」은 시인의 인생관이다. 삶의 목표이기도 하다.

'길'은 사람이 평생 걷는 행로이다. 특히 시인의 길은 '꽃길'만은 아니다. 장영주 시인은 그 '길'을 오늘도 뚜벅뚜벅 걸어가고 있다.

첫시집 『어머니의 화원』은 미사여구 없이 순백한 언어로 사람들에게 크고 넓은 공감을 주고 있음이 특징이다. 앞으로 시인의 삶, 그리고 詩魂이 더욱 밝게 세상을 밝힐 것으로 기대된다.